運命の方程式を解く本

三宝出版

シンデレラの「その後」―― ①

「破滅《はめつ》の運命」

いつか足をすくわれるのではないか、

自分のことを貶《おとし》めようとする策謀《さくぼう》が張り巡《めぐ》らされているのではないか、と

他人《ひと》を信じることができずに、誤解《ごかい》が誤解を呼び、

宮中《きゅうちゅう》はいつも、不信と思惑《おもわく》が渦巻《うずま》くようになってゆくのです。(本文より)

シンデレラの「その後」――②
「安逸《あんいつ》の運命」

王子様に甘え放題のシンデレラ。

侍従《じじゅう》や侍女《じじょ》がいなければ生活できないシンデレラ。

お妃《きさき》に要請《ようせい》されるはたらきに応《こた》えられないシンデレラ……。

結局、王子の心もそんなシンデレラから離れてゆくことになってしまいます。(本文より)

プロローグ――「シンデレラ」のその後
「運命」の謎を解く旅へ 12
「運命」の物語と言えば「シンデレラ」 14
「シンデレラ」には「その後の物語」がある 15
「シンデレラのその後」に隠れる「4つの運命」 17
なぜ人は占いを求めるのか 22
「運命」の本当の源泉 23

1章 あなたを翻弄するのはどの「運命」のタイプ？
暗かった学生時代から時代の寵児へ 26
ナポレオンの人生曲線 28
人生曲線が示す幸運と不運 31
あなたの人生を翻弄する「運命」がある 33
「破滅の運命」に翻弄される人は…… 34

「安逸の運命」に流される人は…… 35
「衰亡の運命」に呑み込まれる人は…… 36
「放蕩の運命」に脅かされる人は…… 37
「運命」は、私たち自身と無関係ではない 38
人間がつくり出す「運命」がある 39
「運命」を決める「受発色」 40

2章 新しい運命観を開く

「なぜかわからない。が、いつも……」 44
「暗運力」と「明運力」という二つの力 45
あなたの人生曲線にも「暗運力」「明運力」が現れている 48
上昇＝「明運力」、下降＝「暗運力」とは限らない 50
「運命の力」はどこにあるのか 52
「天体」に源を見出す運命観 52

「先祖」が鍵を握る運命観 54
「他人」に牛耳られる運命観 56
誰もが「運命観」に従って人生を築いている 57
人間の中にある「運命を導く力＝X」 58
「運命の力」と「心」はつながっている 60
「運命の力」の源泉――魂 62
「母さんは重いんだよ」という言葉 65
運命のボタンを押してしまうことがある 68
人生が引き出した通奏低音のように響く想い 70
魂の因果律「魂―心―現実」で人生が見えてくる 74
「魂―心―現実」は脈動する――「暗運力」「明運力」の秘密 78
新しい運命観に立つ――運命の方程式 81

3章 「暗運力」の探究――運命を暗転させる力の謎

今、あなたは「暗運力」に呑まれていないだろうか 86
5つの症状で「暗運力」をチェックする 87
「暗運力」をつくり出す原因が自分の中にもある 95
「暗運力」の第一原因とは「カルマ」――「魂の因果律」で考える 98
「カルマ」を知る5つの手がかり 101
「4つの煩悩」――「煩悩」が「カルマ」のエネルギーを引き出す 105
「煩悩」はこうやって「暗運力」を招く 107
「煩悩」の実態とは「感情の脚本」 110
「3つの『ち』」という人生の条件 116
「血」の流れ――自分を支配する両親の生き方 118
「地」の流れ――場から浸透する暗黙の影響 121
「知」の流れ――時代・社会から流れ込む無数の情報 122
「3つの『ち』」は、「カルマ」のエネルギーを引き出す 124

「暗運力」の方程式を知る 126

4章 「明運力」の探究——人生を輝かせる力の秘密

「明運力」の秘密をたずねて 130
「菩提心」を起こすことからすべてが始まる 131
「菩提心」とは——誰の中にもある光の本質 132
「菩提心」を心に描いてほしい——「12の菩提心」 133
「菩提心」が「魂願」を引き出す 141
「魂願」を感じるには 144
「明運力」が現れている人生とは…… 149
「明運力」を導くためのヒントでもある 158
社長として孤軍奮闘する日々 160
転機は「魂の学」——「煩悩地図」との出会い 161
次々に開かれてゆく扉 163

全社員の前で行った「三つの宣言」 165
試練を受けとめ、チャンスに変えてゆく日々 166
どうしても忘れられなかった願い 169
「明運力」の方程式とは 170

5章 「暗運力」をとどめ、「明運力」を引き出す方法

方法その1——発心・願いを起こす 174
方法その2——「感情の脚本」を脱する 178
方法その3——新しい習慣をつくる 182
方法その4——「止観シート」に取り組む 199
方法その5——「祈り」の時を持つ 207
方法その6——「12の菩提心」を念じる 210

6章 運命の方程式を解く——実践例に学ぶ

運命の方程式の解き方 216

❶「破滅の運命」の方程式を解く 218

「どうして運命は自分を妨害するのか？」 218

両親から流れ込んだ情動 219

「自分は今まで何をしてきたのだろう」——もう一人の自分との出会い 222

「煩悩」の正体を見破った瞬間 223

人生の同伴者として生きる日々 226

結び直された母との絆、そして人生の仕事へ 228

❷「安逸の運命」の方程式を解く 230

恵まれ守られた人生の始まり 230

襲い来る試練 231

試練は「煩悩」を超えてゆくために与えられた恩寵だった 234

「お役に立ちたい」──「魂願」の目覚め 236
❸「衰亡の運命」の方程式を解く 238
次々に現れる障害のサイン 238
人生に流れ込んだもの 240
「苦・衰退」の「煩悩」を引き出し強めた出来事 241
目覚めと転換への道 243
父との絆が結び直されて 245
「闇は光に勝てなかった」 247
❹「放蕩の運命」の方程式を解く 248
頑張れば頑張るほど孤独になってゆくのはなぜか 248
「放蕩の運命」に翻弄されて 249
そうならざるを得なかった人生の背景 251
訪れる転機 252
心を心で摑む体験──「今浮いたよ」 254

深い絆を基とした信頼関係の蘇り　256
人生の疑問への答えを探し求めて　257
運命の方程式を解こうとするあなたへ　258

＊《付録》
(1)自己診断チャート——運命を光転に導くために　260
(2)煩悩地図——「魂羅針盤」(ソウルコンパス)　266

プロローグ――「シンデレラ」のその後

「運命」の謎《なぞ》を解く旅へ

人は、何によって幸福を得《え》、また何によって不幸になるのでしょうか。

幸せな人生を歩む人もいれば、不幸としか言いようのない人生を歩まなければならない人もいます。どう考えても幸運、不運の分配《ぶんぱい》は平等とは思えません。人間に幸運と不運を運び、禍福《かふく》の変転《へんてん》をもたらすものとは一体何なのでしょう。

「運命」こそ、それを決めているものだと多くの人が思っています。

だからこそ、昔から人は、人間の知力《ちりょく》、力量《りきりょう》を超えた禍福吉凶《きっきょう》の巡《めぐ》り合わせを運命と呼んで、大きな関心を寄せてきたのでしょう。

人生を操《あやつ》る力――自分が意図《いと》してそうなるわけではない、自《みずか》らが望むと望まざるとにかかわらず、現実を左右している力。人生には、そうした見えない力が運命としてはたらいているると考える人は少なくありません。

もしそうならば、誰《だれ》もが、その運命の秘密を知りたいと思うのではないでしょうか。人間の運命の鍵《かぎ》を握《にぎ》るものとは何なのか。自分に幸福を呼び寄せるには何が必要なのか。どうすれば、この不運から脱《ぬ》け出すことができるのか。なぜ、私はこの人生だったのか。過去の人生の意味を知ることはできるのか……。

そして、誰もがこうも願うでしょう。

私は、本当の人生を生きたい。自らの内に眠る可能性があるなら、それをすべて開いて、本心のままにまっすぐに生きたい。愚《おろ》かな過《あやま》ちを繰《く》り返したくない。過去の人生から学んで、新しい未来を生きたい。そして運命に操られるのではなく、運命を引き受けてその中にある私の使命を果たして生きたい……。

これらの疑問と願いに応《こた》えようとするのが、この本の目的です。

その挑戦《ちょうせん》の杖《つえ》となるのは、私が「魂の学《がく》」と呼んでいる、人生を魂の次元から捉《とら》えるまなざしです。人間と世界の秘密に通じる「魂の学」は、私たちに見えないものを見る力、摑《つか》めないものを摑む力を与えてくれます。

今の私たちにとって、運命はまだ混沌《こんとん》とした霧《きり》の中に包《つつ》まれているものかもしれません。けれども、この本を読み進むうちに、あなたはその混沌の中に確かな座標《ざひょう》を見出《みいだ》し、運命をひもとく術《すべ》を手にすることになるでしょう。

そのとき、「運命」とは、霧に包まれたような謎ではなく、驚《おどろ》くほど明解《めいかい》な「方程式」であることがわかるのです。

「運命」の物語と言えば「シンデレラ」

「運命」への接近――。それを、私は、誰《だれ》もが知っている一つの物語から始めようと思います。

形と名こそ違え、世界中で語り継《つ》がれてきた「シンデレラ」の物語です。

幼い頃《ころ》、実の母親を失ったシンデレラは、父親が再婚したために、新しい家族と暮《く》らすようになります。しかし、その継母《ままはは》と姉たちに除《の》け者にされ、いじめられる日々。それでも、その厳《きび》しい仕打《しう》ちにじっと耐《た》え、健気《けなげ》に応《こた》え続けるシンデレラ……。ある日、お城で舞踏会《ぶとうかい》が開かれることになり、姉たちは着飾《かざ》って出てゆきます。シンデレラは、いつものように命じられて一人で留守番《るすばん》をすることに……。するとそこに魔法《まほう》使いが現れ、シンデレラのためにドレスや馬車を用意し、舞踏会へと送り出してくれたのです。舞踏会で一躍《いちやく》人々の注目の的《まと》となったシンデレラは、王子に見初《みそ》められますが、約束の時間が来たために、片方の靴《くつ》を落として帰ってしまいます。王子は、残されたガラスの靴を手がかりに、シンデレラを見つけ出し、お妃《きさき》に迎《むか》え入れるという物語です。

みすぼらしく惨《みじ》めなシンデレラから一転、お妃としてのシンデレラへ……。あることをきっかけに、人生が夢のような大転換を遂《と》げることを「シンデレラ・ストーリー」と呼ぶように、シンデレラの物語は、人間の運命の一つのありようを象徴《しょうちょう》的に示しているものです。自分を超える大きな力がはたらいて、人生が大きく転回してゆく──。まさしく、「運命」的な物語だと、誰もが認めるのではないでしょうか。

「シンデレラ」には「その後の物語」がある

多くの人にとって、「シンデレラ」の物語の結末は「シンデレラは王子様と幸せに暮《く》らしました……」というものでしょう。その締《し》めくくりは、絵に描《か》いたようなハッピーエンドと言えるものです。けれども「幸せに暮らしました」の後に続く「……」という余韻《よいん》に注目すれば、物語が、本当は、そこで終わったわけではないことがわかります。それから後の人生は、想像次第《しだい》というわけです。

しかし、シンデレラの物語に基《もと》づいて、人間の運命を考えようとするならば、私たちはそれで済《す》ますわけにはゆきません。物語の「その後」ということにまで、想いを馳《は》せなければならないと思うのです。

例えば、「宝くじに当選した」人のこと。あるいは「莫大《ばくだい》な遺産《いさん》を手にした」「思いがけない昇進《しょうしん》を果たした」「結婚で玉の輿《こし》に乗った」人のこと……。それらは誰《だれ》が考えても幸運な人であり、その幸運は、人生の一大イベントと言えるものです。しかし、その当人が、その後、幸せになったかというと、決してそうとは言えないのです。むしろ、その瞬間《しゅんかん》、幸運そのものに見えたイベントが、その後の人生を狂《くる》わせてしまったという例をしばしば耳にします。

人生を翻弄《ほんろう》する力とは、まさに、多くの人たちにとっての「運命」のイメージそのものです。一つの事件をきっかけとして、人生の歯車《はぐるま》が狂ってしまう――。私はそこに人生を翻弄して暗転《あんてん》させる4つの典型的な運命を見ることができると考えています。

「シンデレラのその後」に隠《かく》れる「4つの運命」

その「4つの運命」とは、

「破滅《はめつ》の運命」
「安逸《あんいつ》の運命」
「衰亡《すいぼう》の運命」
「放蕩《ほうとう》の運命」

というものです。

「シンデレラ」のハッピーエンドは、誰《だれ》もがヒロインの人柄《ひとがら》と切り離すことができないものだと思っているでしょう。心優《やさ》しく気だてのよいシンデレラだからこそ、あの幸運がもたらされた……。そのシンデレラが、よもや変わってしまうとはとても思えません。

しかし、シンデレラも人間です。この4つの運命に翻弄《ほんろう》されないとは限らないのです。

では、この4つの運命とはいかなるものなのか、シンデレラを例に見てゆくことにしましょう。

第1の運命は、「破滅の運命」とでも呼ぶべき運命――。これはシンデレラが意地悪《いじわる》をさせた母親や姉たちに復讐《ふくしゅう》をするという展開をもたらします（口絵①参照）。

「復讐？」、それこそ「そんなバカな！」と思われる方もあるでしょう。しかし、シンデレラの物語は様々なバリエーション、異説《いせつ》というものがあることが知られており、その中にはその通りの話があるのです。

例えば『グリム童話』にある「灰《はい》かぶり姫《ひめ》（少女）」の物語では、シンデレラを助けるために登場するのが魔法《まほう》使いではなく、鳩《はと》と鳥たちに変わっています。しかも、物語の最後に二人の姉がシンデレラの結婚を祝う宴《うたげ》に出かけてゆくと、二羽の白い鳩が姉たちの目をついばんで失明させてしまうのです。鳩が罰《ばつ》を与え、あたかもシンデレラに代わって復讐を果たすような形となる結末です。

また、シンデレラとそっくりのストーリーが展開する『落窪物語《おちくぼ》』という日本の古典文学でも、落窪姫を見初《みそ》めた貴公子《きこうし》が、継母《ままはは》に復讐を果たすという形で物語が結ばれています。

この運命を辿《たど》るシンデレラにとっては、他人《ひと》は自分の利益を損《そこ》なう敵、世界は自分を苦難にさらすものになり、いつも周囲に対する疑心暗鬼《ぎしんあんき》から離れられなくなります。いつか足をすくわれるのではないか、自分のことを貶《おとし》めようとする策謀《さくぼう》が張り巡《めぐ》らされているのではないか、と他人《ひと》を信じることができずに、誤解《ごかい》が誤解を呼び、宮中《きゅうちゅう》はいつも、不信と思惑《おもわく》が渦巻《うずま》くようになってゆくのです。

第2の運命は、「安逸の運命」です（口絵②参照）。

苦労の多かったシンデレラが、新しい生活に限りない期待を抱《いだ》くところから宮中の生活が始まります。お妃《きさき》としての生活はこれまでの環境とはまったく異《こと》なるものです。至《いた》れり尽《つ》くせりで何一つ不自由なことはありません。それどころか、シンデレラが望むものは、黙《だま》っていても差し出されるという生活に変貌《へんぼう》するのです。

しかし、宮中での恵《めぐ》まれた生活は、働き者であったシンデレラを「怠《なま》け者」に一変《いっぺん》させてしまうことになります。王子様に甘え放題のシンデレラ。侍従《じじゅう》や侍女《じじょ》がいなければ生活できないシンデレラ。お妃に要請《ようせい》されるはたらきに応《こた》えられないシンデレラ……。結局、王子の心もそんなシンデレラから離れてゆくことになってしまいます。

こんなはずではなかった……。けれども、気づいたときには、安逸の日々の中で、ただただ日常に流されるだけのものになってしまうのです。

第3の運命は、「衰亡の運命」です（口絵③参照）。

突然の幸運によって、王子のお妃として宮中で生活するようになったシンデレラ。しかし、宮中にはいろいろなしきたりがあります。それまでまったく異なる生活環境にあったシンデレラには、すべてが越えるべきハードルになってしまうのです。しかも新参者《しんざんもの》であるシンデレラに対する嫉妬《しっと》も加わり、周囲のまなざしは必ずしも温《あたた》かいものではありませんでした。

言葉、所作《しょさ》、儀礼《ぎれい》等に関する注意が繰《く》り返され、シンデレラは周《まわ》りから新たないじめを受けることになります。毎日が針《はり》のむしろに座《すわ》らされているような仕打《しう》ち。自分のような者に、宮中の生活はとても無理。シンデレラは、逃げるようにお城を出て行く……。その挫折《ざせつ》感は、シンデレラのその後の人生に暗い影を落とすことになります。

そして最後の**第4の運命は、「放蕩の運命」**です（口絵④参照）。

苦しかった生《お》い立ちのうっぷんを晴らすように、シンデレラは変貌《へんぼう》してゆきます。お妃として、シンデレラにはそれ以前には考えられないような権力が与えられます。その力を行使《こうし》して、やりたい放題、自由奔放《ほんぽう》、贅沢三昧《ぜいたくざんまい》の生活を始めるのです。お妃であるシンデレラの命令には逆《さか》らうことができず、周りはその行状《ぎょうじょう》をもてあますようになってゆきます。

宮中では怖《こわ》いものなしのシンデレラ——。一見、その人生は絶頂を迎《むか》えているかのようです。しかし、そんなシンデレラのことを苦々《にがにが》しく思っていた側近《そっきん》たちがいました。やがてシンデレラは、彼らの陰謀《いんぼう》に巻き込まれて、お城から追放《ついほう》されてしまうことになるのです……。

さあ、これらが「シンデレラのその後」を襲《おそ》う4つの運命だとしたら?——。

シンデレラは、それらの運命に呑《の》み込まれることを望みはしないでしょう。しかし、「運命」とは、往々《おうおう》にして人間をそのように変貌《へんぼう》させてしまうものであり、そのように人生を翻弄してきたものなのです。

なぜ人は占《うらな》いを求めるのか

年の初めを迎《むか》えると、漠然《ばくぜん》とではあっても、日本人なら誰《だれ》もが自《みずか》らの運命というものを意識するのではないでしょうか。例年、年初には、初詣《はつもうで》のために多くの人が神社・仏閣《ぶっかく》に出かけています。今年も、主な場所だけでも全人口の四分の三にも当たる九千万人以上の人出があり、そこでは、おみくじを引くということがごく自然に行われています。

おみくじを引くときの私たちの気持ちとは、どのようなものでしょう。

一方の自分は、「吉《きち》」と「凶《きょう》」のどちらが出るかは確率の問題だと、そう冷静に考えています。実際に、吉と凶の割合は、神社ごとに決められていて、たいていは、おみくじの凶よりも吉の方が圧倒的に多くなっているとのことです。近年では、参拝者《さんぱいしゃ》にショックを与えないようにとの配慮《はいりょ》から、大凶《だいきょう》のくじは入れないというところもあるそうです。

吉凶を確率だと捉《とら》える自分。しかし、もう一方の自分は、吉が出れば何か本当に良いことが起こりそうな気になり、また凶が出れば不安な気分に駆《か》られる……。そういう私たちがいるのではないでしょうか。

運命を信じている人はもちろんのこと、たとえ、すべては偶然《ぐうぜん》であると考えているような人でも、どこかで人生の吉凶を織《お》りなす巡《めぐ》り合わせがあると感じているということでしょう。

巷《ちまた》では占いブームが続いています。テレビの番組や雑誌の多くには必ずと言ってよいほど占いのコーナーがあり、占星術《せんせいじゅつ》、血液型、手相、易《えき》など、花盛《ざか》りです。

人々はなぜ、これほどまでに占いを求めるのでしょうか。それは、いつの間《ま》にか人生を操《あやつ》り、私たちをどこかに運んでゆく運命の法則を、自分の手で摑《つか》みたいと願っているからではないでしょうか。人生に多大な影響を与えるにもかかわらず捉《とら》えどころのない「運命」の変化の手がかりを得て、安心したいからではないでしょうか。

では、運命の力に近づくには、占いしかないのでしょうか。

そうではないと、私は思います。

「運命」の本当の源泉《げんせん》

多くの人々と出会い、様々な現実を経験してきた人なら、人生には、どうすることもできないような場面があることを知っています。

例えば、試験に失敗してしまう。人間関係がこじれて孤立《こりつ》してしまう。事業に行きづまって倒産し一切《いっさい》を失いかねない状況――。大切な人と死別して、生きる希望を見出《みいだ》せない状態……。しかし、なす術《すべ》がないと思える事態であっても、驚《おどろ》くべきことに、一つの決断や選択《せんたく》から、変わらぬ姿勢や信念から、そして新たな行動によって、まったく異《こと》なる現実を招《まね》くのが人間です。たとえ同じ困苦《こんく》を背負っても、同じような条件の下《もと》に生まれても、人によって異なる人生が切り開かれてゆくのです。

人間は、自らの手で新しい未来をつくり出すことができる――。そして、そこにこそ、私たちが見出すべき「運命」の源泉があります。

今、この瞬間《しゅんかん》も、時の流れは、私たちをどこかに運んでゆこうとしています。

運命は、人生を揺《ゆ》り動かすために存在しているのではありません。それは、私たちが何のために生きているのか、どう生きてゆくべきかを指し示す謎《なぞ》だと言えるでしょう。その謎を解くとき、私たちは運命に翻弄《ほんろう》されることなく生きてゆくことができます。

運命を引き受け、自分だけが生きることができる「使命」を見出し、それに応《こた》えて生きる道を歩むことができるのです。

1章

あなたを翻弄《ほんろう》するのは
どの「運命」のタイプ？

暗かった学生時代から時代の寵児《ちょうじ》へ

左の図（図表1―1）は、一体何を表したものでしょうか？

右肩上がりの曲線《きょくせん》、そしてやがて下降《かこう》に転じ、急降下。そこから再び、上昇《じょうしょう》するものの、再び下降する……。何か、グラフのように見えますが、何のグラフなのでしょうか。

答えを明かしましょう。これは、「余《よ》の辞書に不可能という文字はない」と語ったナポレオン・ボナパルト（一七六九～一八二一）の人生を描いた曲線です。史実に基《もと》づき、ナポレオン自身が感じていたであろう人生の起伏《きふく》の概略《がいりゃく》を描かせていただいたものです。

もともと、イタリアのジェノヴァ領だったコルシカ島に貧しい判事《はんじ》の息子として生まれながら、やがてフランス本土の幼年学校に入学し、それからパリの士官《しかん》学校で学んだナポレオン。学生時代は、訛《なま》りのために「コルシカの山猿《やまざる》」とバカにされながら、様々な思想書や歴史、地理などの読書に耽《ふけ》っては未来を考えるような、内向《ないこう》的な青年でした。

しかし卒業後、軍人として歩み始めると、別人のように活躍《かつやく》を始めます。フランス革命を背景に、その革命派に未来を託《たく》して国内の王党派を駆逐《くちく》し、多くの功績《こうせき》を積み上げます。イタリア遠征《えんせい》では、二十七歳の若さで遠征軍司令官の地位につき、さらにエジプト遠征後

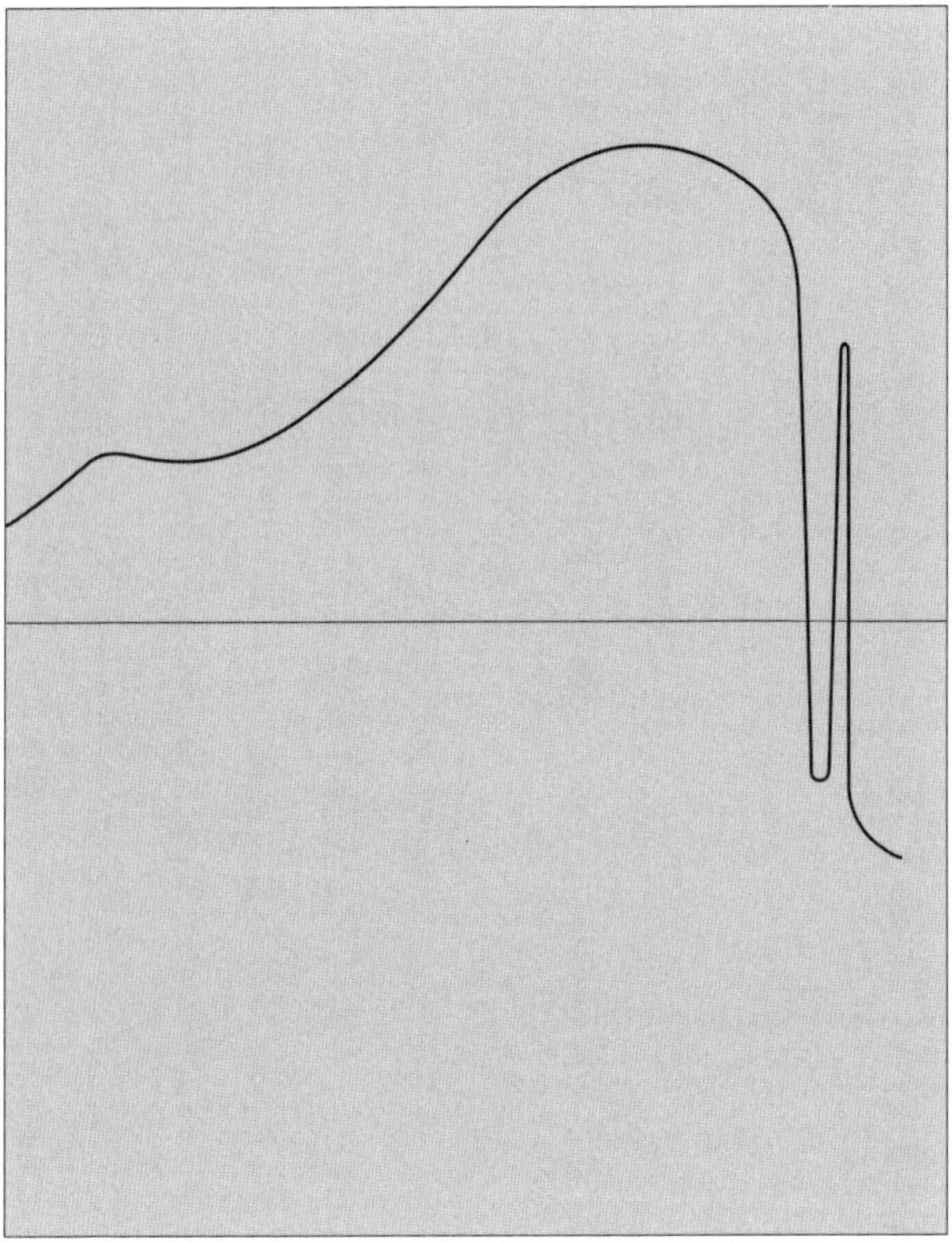

図表1-1

には、総裁《そうさい》政府を倒して瞬《また》く間《ま》に政治の実権を握《にぎ》るまでになるのです。そして、対外的な軍功《ぐんこう》を重ねて、実質的にヨーロッパを支配し、束《つか》の間《ま》の平和をもたらします。

このような活躍を続けるナポレオンを、ゲーテ（一七四九〜一八三二）は、戦いの「半《はん》神《しん》」と呼んで称賛《しょうさん》しました。そして軍功のみならず、「産業は余《よ》に始まる」と語ったように、ナポレオンは商工業を盛んにし、その基幹《きかん》となる道路、橋の整備を進めました。また、教育にも力を入れ、多くの小学校を建設して、貧富《ひんぷ》や地域の区別なく少年たちに教育の機会を与えようとしました。新しい生活、新しい国の形にふさわしい民法を『ナポレオン法典《ほうてん》』としてまとめたこともよく知られています。

ナポレオンは、ヨーロッパ各国に支配力を確保しつつ、自らは皇帝の位《くらい》について帝政《ていせい》を敷《し》き、ナポレオン一世として君臨《くんりん》したのです。

ナポレオンの人生曲線《きょくせん》

しかし、絶頂を迎《むか》えたかに見えたナポレオンの権勢《けんせい》にも翳《かげ》りが見え始めます。

イギリスに対する包囲網《ほういもう》が貿易の停滞《ていたい》を招《まね》き、人々の不満が増大し始め、各国に独立運動が始まります。スペインではゲリラ的抵抗に苦戦し、後に、ナポレオン自身が「スペインの潰瘍《かいよう》が私を滅《ほろ》ぼした」と語った苦境《くきょう》に陥《おちい》ります。そして、イギリスと通じていたロシアには六十万という大軍で遠征《えんせい》したものの、ロシア側の焦土《しょうど》戦術によって苦しめられます。さらに冬将軍の気候もロシアに味方《みかた》し、飢《う》えと寒さによって総退却《たいきゃく》を余儀《よぎ》なくされ、途中執拗《しつよう》な攻撃も受けて、パリに無事に戻《もど》ってくることができたのはわずか五千の兵であったと言います。この大敗北によって、各国は次々にナポレオンに反旗《はんき》を翻《ひるがえ》し、以後フランス軍は敗北を重ね、ついにはパリ陥落《かんらく》に至《いた》るのです。ナポレオンは皇帝から退位させられ、さらに連合軍に捕《と》らえられて、エルバ島へ流刑《るけい》、失意の時を送ることになります。

その後、島を脱出しパリに戻って再び帝位についたナポレオンは、ルイ十八世の王政復古《おうせいふっ》に反発した多くの市民から歓迎《かんげい》を受けます。しかしその直後、イギリス軍とのワーテルローの闘《たたか》いに敗れたため、再び連合軍によって捕らえられ、今度は大西洋の離れ小島セント・ヘレナ島に幽閉《ゆうへい》されて、六年後に病《やまい》のために五十一歳で没《ぼっ》しました。波瀾万丈《はらんばんじょう》という言葉のままに、上昇《じょうしょう》と下降《かこう》を激しく繰《く》り返したナポレオンの人生の幕引《まくひ》きでした。

その軌跡《きせき》をもう一度見てみましょう（図表1―2）。貧しい生まれからフランス本土に留

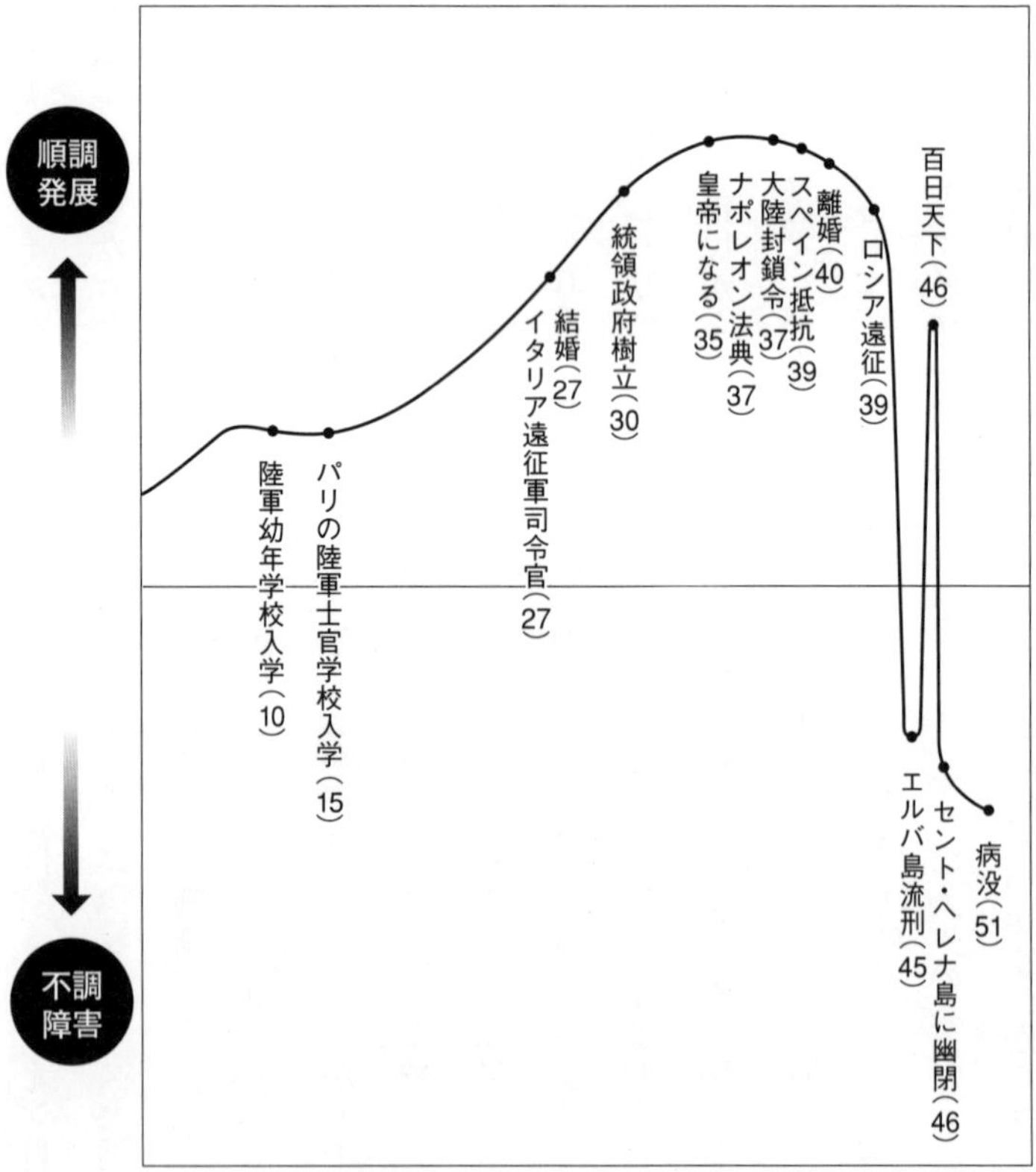

図表1-2　ナポレオンの人生曲線

※（　）内は年齢

学した少年期のささやかな試練の時代、そして軍人としての歩みと同時に上昇の一途《いっと》を辿《たど》った人生。しかし、それまで運命を押し上げた軍事で敗北することによって一気に下降した曲線。その後、再び皇帝となって盛《も》り返そうとしますが、結局すぐに打ち砕《くだ》かれて下降して、幕を閉じた人生――。

この、上昇と下降を示す曲線に、ナポレオン自身が感じていた「運命」が現れていることは確かでしょう。おもしろいように勢いづき戦勝を重ねて上昇を続けたとき、ナポレオンは自《みずか》らの幸運と実力を信じて疑《うたが》わなかったでしょうし、逆に敗北が重なり、その発展が嘘《うそ》のように下降し続けたとき、自らの不運を呪《のろ》い嘆《なげ》いたことでしょう。その上昇と下降が織《お》りなす曲線に、ナポレオンの人生を操《あやつ》った運命の力が見え隠《かく》れしていることに、多くの人が同意されるのではないでしょうか。

人生曲線《きょくせん》が示す幸運と不運

私たちも、人生の上昇《じょうしょう》と下降《かこう》を経験している一人ひとりです。人生の出会いと出来事が描く独自《どくじ》の「運命」の曲線があるのです。

私たちの生まれ——私たちを迎《むか》えてくれた両親と家族、生《お》い立ちを支配していた気分……。学生時代、友人関係、そして就職、独立、結婚……。その時期、その時期を支配した基調《きちょう》、そこで起こった出来事が曲線の上昇と下降を描きます。

人生の上昇と下降の波と、そこにあった幸福と不幸、順調と不調、発展と障害——。そこに私たちの運命の姿が映《うつ》し出されていることに異存《いぞん》はないでしょう。人生の大きなうねり、小さな変転《へんてん》——。なぜそのような軌跡《きせき》を示すことになったのか、上昇と下降を司《つかさど》った力とは一体何だったのか、それを思うことから運命の謎解《なぞと》きが始まります（2章で、実際にあなたの人生曲線に取り組めるようになっています）。

その理由こそ、多くの人が幸運と不運というものだと考えるのではないでしょうか。曲線を押し上げる幸運。曲線を下降させる不運。そして、その幸運や不運とは、決まって私たちの外側からやってくるもの。突然降《ふ》りかかってくる災難、事件、与えられるチャンス、出会い……等、その巡《めぐ》り合わせは、自分の力の及ばないところからやってくる——。そして、幸運が与えられれば人生は上向き、不運が訪れるなら人生は下降せざるを得ない……。

それは、確かに真実の一面を言い当てています。

しかし、それだけでしょうか？

あなたの人生を翻弄《ほんろう》する「運命」がある

ここで、「シンデレラ」の「その後の物語」をもう一度思い出していただきたいのです。ハッピーエンドに終わったはずのシンデレラを襲《おそ》う「4つの運命」――。

それはもちろん、シンデレラだけの話ではありません。

例えば、先に見たナポレオンも、4つの運命にさらされていたことは十分に考えられます。戦勝を重ねていた時期には、自《みずか》らを過信《かしん》し周囲のことが見えなくなる「放蕩《ほうとう》の運命」が忍《しの》び寄り、権力の安定に慢心《まんしん》する「安逸《あんいつ》の運命」に陥《おちい》っていたかもしれません。そして囚《とら》われの身になったナポレオンには、不運を呪《のろ》い他人《ひと》を恨《うら》む「破滅《はめつ》の運命」や、あるいは一切《いっさい》の希望を見失う「衰亡《すいぼう》の運命」が襲いかかっていたに違いありません。

そして実は、私たちの日常、私たちの現実の人生も同じように、4つの運命にさらされているのです。

あなたの人生を翻弄しようとしている「運命」がある――。もしかすると、私たちの人生は、すでに大きく浸食《しんしょく》されているのかもしれません。そうだとするなら、それを確かめなければなりません。では、どうしたらそれを見分けられるのでしょうか。

「破滅《はめつ》の運命」に翻弄《ほんろう》される人は……

第1の運命「破滅の運命」の浸食《しんしょく》のしるしはこういうものです。

テレビのニュースやドラマを見れば、つい批判や文句《もんく》を口にし、街に出れば、行き交《か》う人の行動にいつの間《ま》にか注文をつけている。日々のスケジュールを綿密《めんみつ》に立てるが、それが計画通りに進まないとイライラする。他人《ひと》のミスが気になって仕方《しかた》がない。自分は責任をきちんと果たしているのだから、他の人もそうしてもらわなければ困る。周囲の人たちが信じられないし、誰《だれ》かを信じて自分を託《たく》すという気持ちにはなれない……。

例えば、仕事をしている方ならば、会社の中で成功したいと頑張《がんば》っている自分の身の周《まわ》りに、次のような現実が現れてはいないでしょうか。自分の成功を妨害《ぼうがい》する人が現れる。結局自分が損《そん》な役回りをさせられる。不遇《ふぐう》な状況に貶《おとし》められる。闘争《とうそう》と破壊《はかい》に巻き込まれる。そして、人生の成功のためには、結局自分一人で乗り切るしかないと思っている……。

自分の人生がいつもそうなってしまうと感じているなら、それは人生に「破滅の運命」の影が忍《しの》び寄っているということです。

「安逸《あんいつ》の運命」に流される人は……

第2の運命「安逸の運命」の場合はこうです。

自分のペースでゆったりと時を送ることができることに幸福を感じる。職場でも家庭でも、波立つことが一番困ること。皆と仲良くできると安心する。自分では、人間関係も仕事も、まあまあ順調に行っていると感じているけれど、かと言って本当の充実とは違うかもしれない。趣味を持ち、様々なことに興味を抱《いだ》いているが、何ごとにも広く浅くという感じで、その関心は次々に移ってゆく。

仕事や本業の方は、そこそこの結果しか残すことができない。毎日がただただ同じことの繰《く》り返しで現実に埋没《まいぼつ》している。人間関係も良好のようでマンネリに陥《おちい》りやすく、期待をかけられ、責任を任《まか》されたにもかかわらず、いつしか人望《じんぼう》を失うことになる。それでも、とにかく無理せず小さな幸せで十分だと満足する……。

もし、これらの現実が現れているなら、あなたの人生は、「安逸の運命」にすでに巻き込まれていると考えなければなりません。

「衰亡《すいぼう》の運命」に呑《の》み込まれる人は……

第3の運命「衰亡の運命」の場合はこうなります。

人生の現実にはいつも重圧感が忍《しの》び寄っていて、何かしようとすると必ず壁《かべ》が立ちふさがり、大変な障害やリスクが現れると思っている。そして決まって、失敗や不幸な巡《めぐ》り合わせになる……。現実はまだそうなっていなくても、そうなるとしか思えない。

通勤電車の中で、人と目が合うだけで「何か失礼なことをしなかったか」と思い返し、人間関係が気まずくなると「何か失敗をしたのではないか」と考えてしまう。ものごとを肯定的《こうてい》に見ることがなかなか難《むずか》しい。楽観的に見る人が信じられない。重い気分に支配される毎日が続くことが多い。自分が人から好かれるとは思えない。人からうとまれて独《ひと》りになる。結局、最後は失敗することになっている。ときには、自分は一生日陰者《ひかげもの》として生きてゆくに違いないという気持ちにすらなる……。

もし、こういう現実を感じているなら、あなたの人生は、「衰亡の運命」をすでに宿《やど》しているということでしょう。

「放蕩《ほうとう》の運命」に脅《おびや》かされる人は……

そして最後は、第4の運命「放蕩の運命」の場合です。

ものごとにエネルギッシュに取り組み、積極的に人生に挑戦《ちょうせん》する。様々なことに興味関心は尽《つ》きることなく、何となく時間を過ごすことはもったいないことと、充実をひたすら求める。自分の成長に強い関心があり、自己実現への意欲にあふれている。人生は成功しなければ意味がないと思っている。さらには、世界は自分を証明してくれるために存在しているように思え、困難な状況は自分の力量《りきりょう》を示すチャンスであり、自分がやればうまくゆくと思える。

しかし、それだけ前向きに取り組んでいるのに、最初は順調でも、途中で突然計画が破《は》綻《たん》する。他の人を見ると、意欲が足《た》りないと感じ、ついその不足を指摘《してき》したくなってしまう。すると、いつの間《ま》にか周《まわ》りが自分のことを理解してくれなくなる。つくっては壊《こわ》し、つくっては壊しの人生である。絶頂のときにいつも足をすくわれる……。

こうした現実があるとしたら、あなたの人生は「放蕩の運命」に支配されているのかもしれません。

「運命」は、私たち自身と無関係ではない

人生を翻弄《ほんろう》する「4つの運命」――。そこには、これまで誰《だれ》もが関心を持ってきた運命の一面が解き明かされています。

この先、何か問題が起こるのではないか。好調な事業に暗雲《あんうん》が立ちこめるのではないか。この件は、失敗せずに済《す》むだろうか。このまま事態が順調に進んでいってくれるだろうか……。そうした心配の行《ゆ》く末《すえ》を左右するのは、何よりもこの4つの運命であると言っても過言《かごん》ではないのです。

「破滅《はめつ》の運命」「安逸《あんいつ》の運命」「衰亡《すいぼう》の運命」「放蕩《ほうとう》の運命」――。それらが人生の中で猛《もう》威《い》を奮《ふる》い、私たちを支配するとき、未来が大きく暗転《あんてん》していってしまうことは避《さ》けられません。

重要なことは、これらの運命は、私たちと無関係にやってくるわけではないということです。人生を翻弄する4つの運命の由来《ゆらい》は、私たち自身に深く関係しているのです。否《いな》、その運命は、私たち自身が生み出しているものなのです。

人間がつくり出す「運命」がある

波瀾万丈《はらんばんじょう》の人生を歩んだナポレオンが、まさにそのことを、想いを込めて語っています。ナポレオンは、セント・ヘレナ島に流されたその人生の終幕《しゅうまく》に、自《みずか》らの人生を振り返り、「自分こそ身の大敵《たいてき》であり、身の不幸のつくり手だった」と述懐《じゅっかい》しているのです。それは、自分の「運命」の源《みなもと》が自分自身にあったという言葉ではないでしょうか。

突然の幸運や不運の出来事が運命を決める——。確かに突然の事故や犯罪、天災等によって、人生が決定的に損《そこ》なわれてしまうことがあります。けれども、そう考えている人は、実は、ときにその幸運不運以上に、その突然の出来事の受けとめ方こそが人生を決定づけることがあることを見落としているのです。

思い通りの人生を歩める人はなく、人生に試練はつきものです。試練によって左右されるのが私たちの現実ですが、降《ふ》りかかるその試練をどう受けとめ、それにどう応《こた》えてゆくのかによって、人生はそれ以上にも大きく転回してゆくのです。たとえ凶事《きょうじ》が訪れたとしても、それをさらに大きな暗転《あんてん》にしてしまうかどうか、それは私たちにかかっているのです。

そしてそれこそが、吉凶変転《きっきょうへんてん》の真実と言うべきものではないでしょうか。

人生を翻弄《ほんろう》する4つの運命とは、外から降りかかるものではなく、まさに自らがつくり出す暗転の運命――。あなた自身もまた、人生を翻弄するこれらの運命を、自らつくり出そうとしていることを知ることが大切です。では、あなたの人生を翻弄しようとしているのは、どの運命なのでしょうか。

「運命」を決める「受発色《じゅはつしき》」

それを確かめるには、私が「受発色」と呼んでいる心と現実の関係を知り、それがどのようなタイプであるかを知ることが重要な手がかりとなります。詳《くわ》しくは、3章で取り上げることになりますが、ここでは、簡単に触れておくことにしましょう。

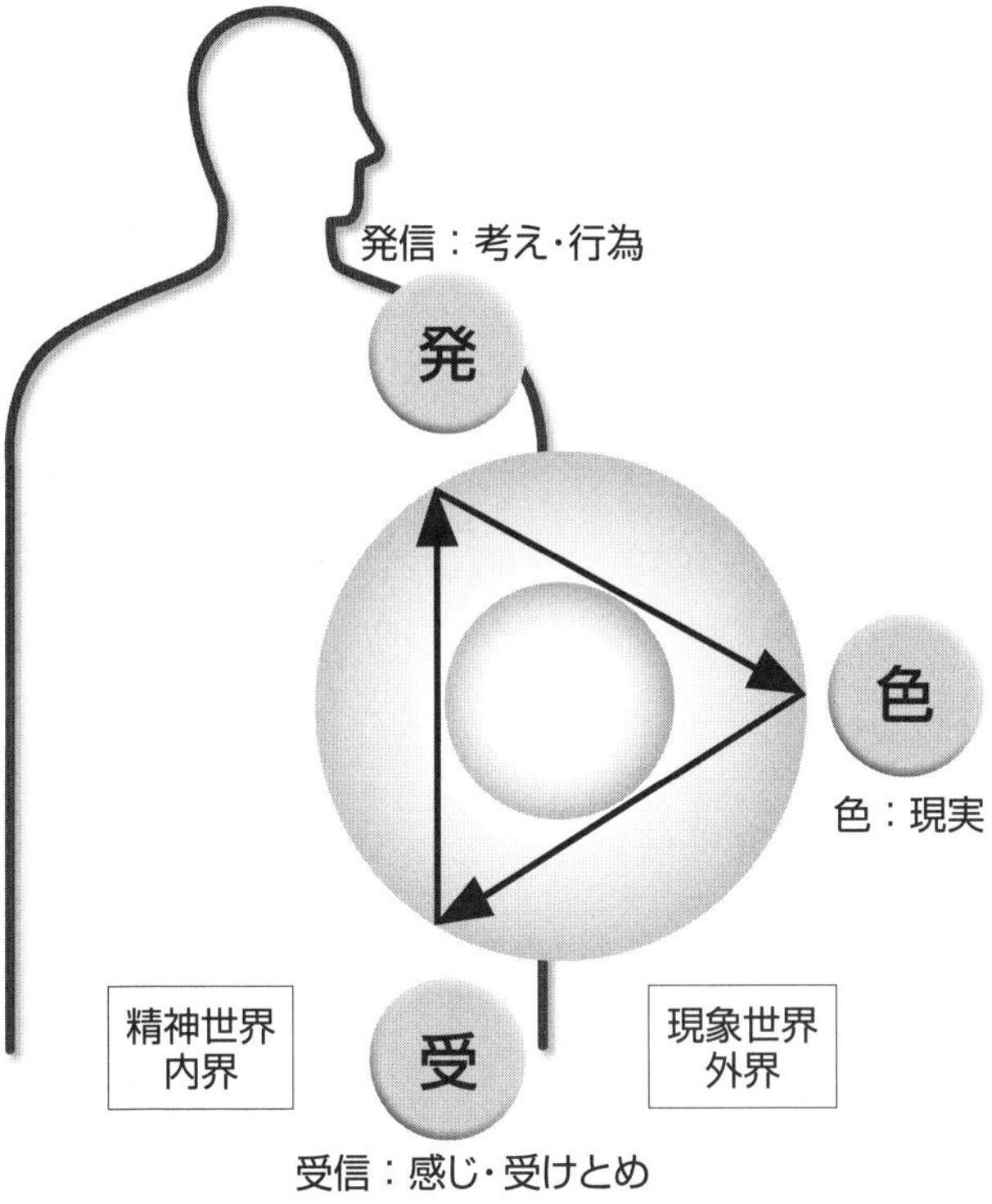

苦・暴流の受発色　⇒　破滅の運命
快・衰退の受発色　⇒　安逸の運命
苦・衰退の受発色　⇒　衰亡の運命
快・暴流の受発色　⇒　放蕩の運命

図表1-3　受発色

「受発色」の「受《じゅ》」とは、ものごとを感じ、受けとめる心の受信のはたらきのことを指します。「発《はっ》」とは、ものごとを思い考え、言動をもって外に現してゆく、心の発信のはたらきです。そして「色《しき》」とは、仏教の言葉で、現実を指します。すなわち、「受発色」とは、私たちの心と現実の間にある結びつきを表しているのです。どのような場面をとっても、人間は現実を受けとめて（受）、思い考えて行動を現し（発）、新たな現実（色）を生み出しています。私たちは、ほとんど間断《かんだん》なく、この「受→発→色」のトライアングル（三角形）を回しながら生きているということができます（図表1—3）。

この「受発色」の傾向《けいこう》、それを私は、4つのタイプ、「苦《く》・暴流《ぼうりゅう》」「快《かい》・衰退《すいたい》」「苦《く》・衰退《すいたい》」「快《かい》・暴流《ぼうりゅう》」に分類していますが、この受発色のタイプ、傾向こそ、人生を翻弄《ほんろう》する「4つの運命」を引き寄せるものです。

すなわち、あなたが苦・暴流であれば常《つね》に「破滅《はめつ》の運命」にさらされているということであり、あなたが快・衰退であれば「安逸《あんいつ》の運命」に脅《おびや》かされることになり、あなたが苦・衰退であれば「衰亡《すいぼう》の運命」に、快・暴流であれば「放蕩《ほうとう》の運命」に呑《の》み込まれる危険を抱《いだ》いているということなのです。

2章

新しい運命観を開く

「なぜかわからない。が、いつも……」

「なぜかわからない。が、いつも最初は順調なのに途中で障害が生じ、結局、計画が頓《とん》挫《ざ》する！」

「なぜかわからない。が、いつも途中でマンネリになって停滞《ていたい》してしまう！」

「なぜかわからない。が、いつも自分には無理な仕事が降《ふ》りかかり、結局できずにみじめな想いをする！」

「なぜかわからない。が、いつも周《まわ》りが自分のことを理解してくれなくなり、最後は独《ひと》りになってしまう！」

そんな言葉をつぶやいたり、誰《だれ》かが言うのを聞いたりしたことはないでしょうか。

自分では望まない巡《めぐ》り合わせが繰《く》り返されるとき、同じような失敗、同じような挫折《ざせつ》、同じような試練に出会うとき、少なくとも自分ではその繰り返しを感じるとき、人はそうつぶやきたくなることがあります。

そのとき、私たちは紛《まぎ》れもなく、人生を動かし翻弄《ほんろう》する運命の力をそこに感じているのではないでしょうか。そして自分で認めている以上に、その力に圧倒され、ときには自分の無力さにあきらめすら覚えることがあるかもしれません。

「なぜかわからない。が、いつも……」とは、運命に翻弄される人生についている枕詞《まくらことば》であると言っても過言《かごん》ではないのです。

「暗運力《あんうんりき》」と「明運力《めいうんりき》」という二つの力

「運命」は、なぜかわからないままに、私たちの人生をどこかに押しやってしまう——。一体どこに？　その行き先は、大きく捉《とら》えるならば、二つの方向であるということができるでしょう。

その一つは、これまでに触れてきた「破滅《はめつ》」「安逸《あんいつ》」「衰亡《すいぼう》」「放蕩《ほうとう》」という「4つの運命」が運んでゆく方向です。そして4つの運命とは、私たちの人生を、その破壊や混乱、行き止まりへ導《みちび》いてゆく力であり、そこに勢いが生まれてしまうと、なす術《すべ》もなく取り返しのつかない状態まで暗転《あんてん》させてしまうような力です。

しかし、人生にはたらくのは、それだけではありません。もう一つ、この4つの運命とは反対に、事態を明るい光の方向へ運んでゆく力があります。つまり、深化《しんか》と発展へ、調和と創造へと導き、私たちに輝《かがや》かしい現実と真の人生をもたらす運命の力というものがあるのです。

例えば、こういう経験はないでしょうか。

窮地《きゅうち》に立ったとき、「もうダメだ」とあきらめざるを得《え》ないような人生の一大事に追い込まれたそのとき、まさに「導かれた」としか思いようがない絶妙《ぜつみょう》なタイミングで助力《じょりょく》の手が差し伸べられた――。懸案《けんあん》をどうすればいいか考えあぐねているとき、偶然《ぐうぜん》のように出会った人が、問題の解決の鍵《かぎ》を握《にぎ》る人であった。たまたま開いた雑誌の頁《ページ》にあった記事がヒントになって、新しい道を見出《みいだ》すことができた。また、バラバラだったプロジェクトチームが、ピンチを前にして一致団結《いっちだんけつ》して事態に向かい合ったとき、不思議なくらい、次々に智慧《ちえ》がわいてきて、道が開かれた……。

江戸時代末期、江戸決戦は必至《ひっし》と言われるほど対立を深めていた幕府《ばくふ》側と新政府軍が、勝海舟《かつかいしゅう》と西郷隆盛《さいごうたかもり》の会談によって、世界的にも例を見ない江戸城の無血《むけつ》開城を成し遂《と》げたという史実。また、月に向けて打ち上げられたアポロ13号が、飛行中に酸素タンクの爆発が起こり、機器に致命《ちめい》的な打撃《だげき》を受けながらも、乗組員とNASAのスタッフの協力によって、奇跡的に無事地上に帰還《きかん》できたという事実――。歴史に数え切れないほど刻《きざ》まれているこうした事実には、まさにこの光を導く力がはたらいていたとしか考えられない展開があります。

しかし、そうした特別な場合の、特別な力ばかりではないでしょう。

考えてみてください。もし仮に、私たちの人生が「破滅」「安逸」「衰亡」「放蕩」という4つの運命だけに牛耳《ぎゅうじ》られているとしたら、私たちの人生はとうの昔に終わってしまっていても不思議ではありません。今、こうして私たちが生きていること自体、たとえ自覚がなくとも、私たちを導いている力があるという証拠《しょうこ》にほかならないのではないでしょうか。

つまり、私たちの人生には、二つの運命の大きな力がはたらいているということです。その一方を、現実を暗転させてゆく運命の力――「暗運力」と呼ぶならば、もう一方の、私たちの人生を光に導き、明るい方向へ転換させてゆく光転《こうてん》の力は、「明運力」と呼ぶことができるものです。

あなたの人生曲線《きょくせん》にも「暗運力《あんうんりき》」「明運力《めいうんりき》」が現れている

もちろん、あなた自身の人生にも、この「暗運力」と「明運力」がはたらいていることを思っていただきたいのです。

前章で触れた「人生曲線」を、もう一度思い出してみましょう。そして実際に、あなた自身の人生曲線を描くことに取り組んでみることにしたいのです(図表2―1)。

横軸《じく》に、生まれてから現在までの人生の時間を取り、縦軸には、人生の好不調を取って、運命が上昇《じょうしょう》していったと感じたらプラスに、逆に、思うように事《こと》が運ばず、混乱や行き止まりの方向に運ばれていると感じたらマイナスに振《ふ》れる曲線を描いてゆきます。

「あの頃《ころ》は本当に幸せだった」とか、「この時期は、人生どん底だった。つらい時期だった」と振り返りながら、それをプラスとマイナスに変化する曲線で結んでみるのです(下に示したA子さんの場合を参考にしてください)。そこに示された上昇と下降《かこう》の曲線――。それがあなたの人生曲線です。

そこにある山と谷をつくっていたのは一体どんな力だったのか、私たちの半生を一望《いちぼう》し振り返ることから、きっと見えてくるものがあります。何が曲線を押し上げ、何がそれを